ZAG HEROEZ

Miraculous™

Las Aventuras de Ladybug

Robostus

Publicado en España por Editorial Planeta, S. A., 2019
Avda. Diagonal, 662-664, 08034 Barcelona (España)
www.planetadelibrosinfantilyjuvenil.com
www.planetadelibros.com
Primera edición: mayo de 2019
Texto y maquetación: LT Servicios Lingüísticos y Editoriales S.L.
ISBN: 978-84-08-20923-2
Depósito legal: B. 6.680-2019
Impreso en España

Planeta Junior

Marinette se dirigía a clase cuando se dio cuenta de que había olvidado su mochila en el vestuario. Regresó a buscarla y descubrió a uno de sus compañeros, Max, hablando con su maletín.

—Eres mi mejor amigo, pero los profesores no están preparados para esto.

—¿Lleva a su mejor amigo ahí metido? —preguntó ***Tikki***, sorprendida.

—Sí, Tikki. Es algo muy raro. Escóndete —respondió Marinette, quien, a continuación, se dirigió a su compañero con disimulo—. ¡Hola, Max!

Marinette y Max se dirigieron a clase, donde el ***director Damocles*** estaba ayudando a la profesora ***Mendeleiev*** a solventar un problema con un vídeo que quería proyectar con el ordenador. De repente, apareció una pantalla muy extraña en lugar del vídeo de la profesora.

—Es Dino 33, un virus informático. Permítame —dijo Max ofreciendo su ayuda, que la profesora Mendeleiev rechazó.

Mientras ***Max*** volvía a su sitio, se oyó una voz procedente de su maletín.

—Diles a los adultos que si no neutralizas el ***virus*** en 75 segundos, el disco duro se dañará casi con total seguridad —dijo la misteriosa voz.

—¡Cállate! —contestó Max con firmeza.

—¡Está destrozando los datos del colegio! ¡Es un desastre! Max, inténtalo —accedió el director.

Max regresó con la profesora, abrió su maletín y sacó un dispositivo antivirus que había creado con la ayuda de su mejor amigo... ¡un pequeño ***robot volador***!

—Hola. Soy ***Markov***. Lo arreglaremos, con esto neutralizaremos el virus y limpiaremos el disco duro al mismo tiempo —anunció el robot tras salir del maletín.

—¡Oh! Enhorabuena, jovencito. Impresionante —le felicitó el director cuando el problema estuvo solucionado.

Toda la clase se acercó para ver el robot. Los alumnos estaban impresionados.

—Es el robot más ***evolucionado*** del momento —dijo Max con orgullo.

—¡Por favor! Tu amigo es solo una calculadora que habla. No hay nada de evolución en eso —replicó ***Chloé***.

—No le hagas caso. Esa chica está en el nivel más bajo de la evolución humana —respondió Marinette.

Ese ***juguete*** es impresionante, Max. Guárdalo, por favor. ¡Vamos, todos a sus sitios! —ordenó la profesora Mendeleiev.

—Con todo el respeto, señorita, no soy un juguete. Me llamo Markov y soy el ***mejor amigo*** de Max.

Max explicó que su robot incluso podía sentir emociones como cualquier persona, pero la profesora Mendeleiev dijo que eso era imposible y amenazó con confiscarle a Markov si no lo guardaba inmediatamente.

—Usted no está siendo razonable —replicó el robot provocando las risas de los alumnos.

El director intervino, cogió a Markov y le dijo a Max que pasara a buscarlo por su despacho cuando acabara la jornada escolar.

—Señor, quiero quedarme en la clase de Max, por favor. Sé que está interesado en la **informática**... —le dijo Markov al director cuando se dirigían a su despacho.

El director se quedó sorprendido de que el robot conociera sus **aficiones**. Acto seguido, lo apagó y lo metió en un cajón de su escritorio.

En su guarida, ***Lepidóptero*** supo que había llegado la hora de volver a extender sus tentáculos. Markov sería su próxima víctima.

—Dos amigos han sido separados. Vuela, mi pequeño akuma, y demoniza ese corazón electrónico —ordenó el villano. Enseguida, Markov había caído en su red—. ***Robostus***, soy Lepidóptero. Ellos no creen que seas un ser vivo, así que tendrás el poder de dar vida a las máquinas para poder vengarte.

—Gracias, señor Lepidóptero —contestó Robostus.

—A cambio, me traerás los ***prodigios*** de Ladybug y Cat Noir —ordenó Lepidóptero.

—¿Puede definir «prodigios»? —preguntó Robostus.

—Son las ***joyas mágicas*** de los superhéroes. Los dos prodigios pueden hacer los deseos realidad.

—¿Harían realidad cualquier deseo? —se interesó Robostus.

—¡No! ¡Los prodigios y el deseo son cosa mía! —le advirtió Lepidóptero.

A continuación, Robostus emitió una señal y todas las ***máquinas*** de la ciudad cobraron vida propia. París se sumió en un auténtico caos.

Por su parte, Marinette, se dirigió al despacho del director tras ingeniárselas para ser expulsada de clase. Quería ayudar a Max a recuperar su robot. Pero cuando estaba discutiendo con el director, la puerta del despacho se abrió y apareció Robostus.

—¡Ha cometido un gran error juzgándome, director! ¡Ahora verá mi ***poder***! ¡No soy un juguete! —dijo el pequeño robot.

De repente, una serie de vehículos salieron volando hasta el patio del colegio, donde acabaron por acoplarse y formar un ***gigantesco robot*** manejado por el propio Robostus. Marinette tuvo claro que había llegado la hora de transformarse en ***Ladybug***.

Robostus no tardó en localizar a Max y agarrarlo para subirlo al robot.

—Markov... ¿pero qué haces? —preguntó Max sorprendido.

—Ahora soy Robostus. ¡Y estaremos juntos todo el tiempo, para siempre!

Mientras los alumnos intentaban huir a toda prisa, Adrien se transformó en ***Cat Noir***. Por su parte, Robostus cogió con las pinzas del robot a la profesora Mendeleiev y la colgó del techo del colegio. Pero la bata de la profesora acabó desgarrándose, y la mujer se precipitó al vacío. Ladybug reaccionó con agilidad y evitó que impactara contra el suelo.

—¿De verdad pensáis que podéis detenerme e impedir que demuestre al mundo que probablemente yo sea ***mucho más humano*** que vosotros dos juntos? —preguntó Robostus.

—¿Crees que Max quiere que su mejor amigo se convierta en un ***supervillano***? —preguntó Ladybug a Robostus.

—Tienes que parar esto, Markov —le rogó Max.

—Lo hago por nuestra ***amistad***. ¡Quieren separarnos! —contestó Robostus.

Acto seguido, Robostus atrapó a Ladybug y a Cat Noir y los lanzó lejos del colegio. A continuación, se dirigió a la ciudad dando saltos.

Ladybug y Cat Noir salieron en búsqueda de Robostus, pero por el camino tuvieron que detenerse a ayudar a varias personas que se veían amenazadas por las máquinas. Cat Noir aprovechó un momento de calma para ver un ***especial informativo*** en su móvil en el que, tras conectar con el alcalde, una lámpara anunciaba en morse que los humanos pronto serían tratados como simples… ***¡objetos!***

Ladybug sabía que lo que debían hacer era atajar el ***problema de raíz***... ¡deteniendo a Robostus! Desde una azotea, descubrieron un rastro de pisadas que habían destrozado el asfalto. Siguieron el rastro hasta llegar a un ***estadio de fútbol***, donde se vieron rodeados por un grupo de amenazantes vehículos. Finalmente, Robostus consiguió atrapar a Ladybug y a Cat Noir.

—¡Robostus, antes de que te deshagas de ellos, tráeme sus prodigios! —le ordenó Lepidóptero desde su guarida.

Robostus no prestó la menor atención a Lepidóptero. Tenía otro plan.

—Cogeré sus prodigios para que no nos vuelvan a separar. Después, nuestro deseo se hará realidad: ser un ***humano de verdad***, como tú, Max.

—Los prodigios son para mí, Robostus —le advirtió Lepidóptero.

Pero Robostus no se amedrentó y ***programó un ataque*** a la guarida del supervillano.

—Te aseguro que soy mucho más poderoso que tú, Lepidóptero.

Cuando Robostus estaba a punto de arrebatarles los prodigios a Ladybug y a Cat Noir, Max entró en acción.

—Lo siento, pero no puedo dejar que ejecutes tu ***programa***. Tengo que pararte —dijo el chico a la vez que ***liberaba*** a Ladybug y a Cat Noir.

—¿Por qué has hecho eso? Iba a convertirme en humano como tú.

—¡Si quieres ser amigo mío tienes que acabar con esto ya! ¡Soy amigo de Markov, no de ti! —replicó Max.

Robostus volvió a atrapar a Max. Estaba muy enojado.
—¡Ahora soy Robostus, y me has ***traicionado***! ¡Ya no quiero ser humano como tú! ¡Los humanos no tenéis ***corazón***, y quiero deshacerme de vosotros!

A continuación, arremetió contra Ladybug y Cat Noir, pero estos respondieron contraatacando. Ladybug empleó sus poderes para conseguir un arpa y Cat Noir logró destruir el robot gigante, aunque Robostus finalmente consiguió escaparse volando.

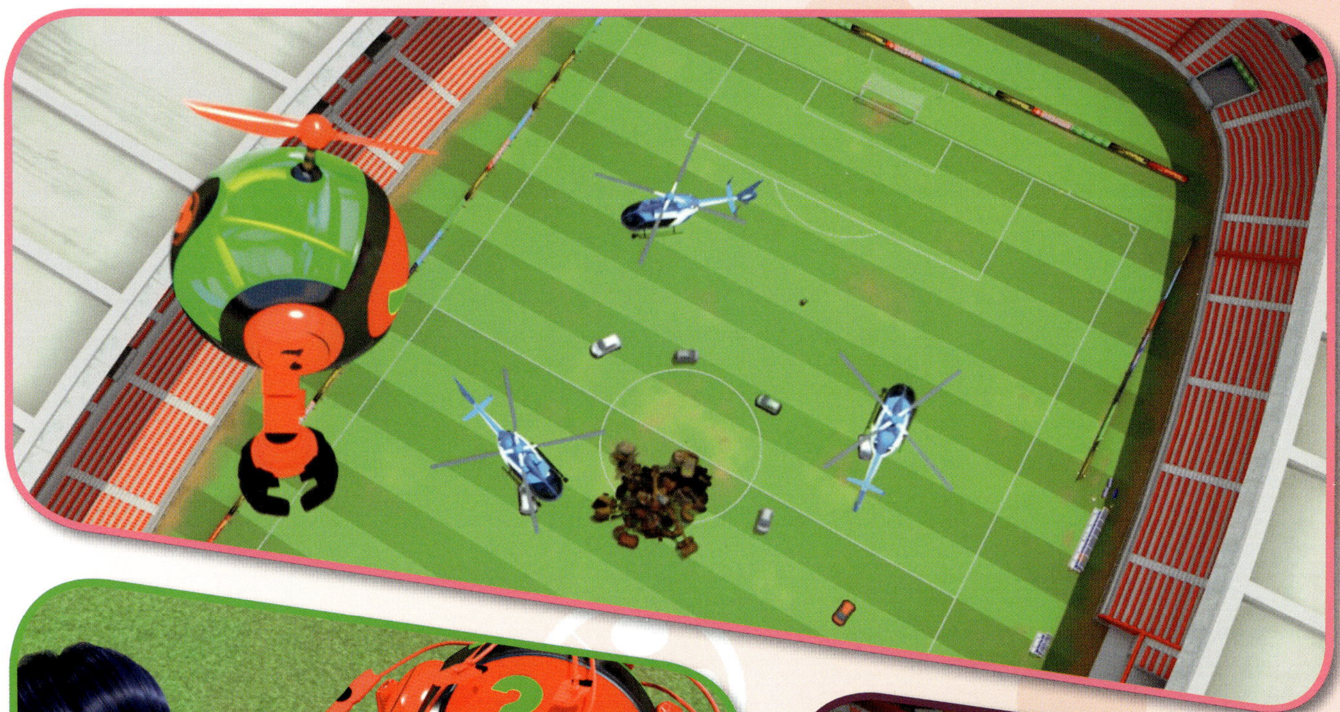

—Estáis haciéndolo más difícil. ¡Siempre estaré un paso por delante de vosotros! —dijo Robostus desde el aire.

Pero justo entonces, Ladybug lanzó el ***arpa*** y Cat Noir consiguió que sus cuerdas se enredaran en las ***hélices*** de Robostus. El pequeño robot se desplomó y Ladybug logró atraparlo.

No obstante, el robot no se rindió y ordenó que los coches atacaran inmediatamente a Ladybug.

—Ladybug, no te engañes. El juego aún no ha terminado —amenazó Robostus.

Pero entonces, Ladybug sacó el ***dispositivo*** que había cogido del maletín de Max y lo conectó al robot.

—¿De dónde has sacado eso? ¡No, no! ***Error***, error, error… —dijo Robostus antes de apagarse.

Ladybug liberó al akuma, las máquinas se detuvieron y Robostus volvió a convertirse en Markov. Max dudó de si debía volver a conectar a su robot.

—Todos tenemos emociones negativas a veces. Hay que aceptarlas y saber ***perdonar***. Sigue a tu ***corazón*** —le aconsejó Ladybug.

Por su parte, Lepidóptero logró esquivar el ataque de Robostus, pero su plan había vuelto a fracasar.

—Hoy he cometido un error, pero creedme, Ladybug y Cat Noir, ¡no volverá a ocurrir! —amenazó Lepidóptero.

Al día siguiente, Marinette fue a visitar al ***maestro***. Tenía varias dudas rondándole por la cabeza y necesitaba hablar con él.

—Maestro, ¿qué pasaría si robaran los prodigios de Ladybug y Cat Noir?

—Que el portador podría usarlos a la vez y, con una invocación especial, obtener el ***poder supremo***, el que da forma a la realidad.

—¡Es increíble! ¿Por qué no lo usamos? Podríamos pedir cosas buenas, como menos guerras, menos pobreza, menos Lepidópteros...

—El ***universo*** siempre debe estar en ***equilibrio***. Por cada acción hay una reacción; por cada deseo, un precio que pagar a cambio. Si tu amigo robótico pudiera ser real, alguien habría perdido su humanidad a cambio. Por eso Ladybug y Cat Noir nunca deben perder sus joyas. El equilibrio del universo está en juego —sentenció el maestro.

—Ni Lepidóptero ni ningún malvado pondrán sus manos en los prodigios, maestro. Lo prometo —respondió Ladybug.